BEI GRIN MACHT SICH IHR
WISSEN BEZAHLT

- Wir veröffentlichen Ihre Hausarbeit,
  Bachelor- und Masterarbeit

- Ihr eigenes eBook und Buch -
  weltweit in allen wichtigen Shops

- Verdienen Sie an jedem Verkauf

Jetzt bei www.GRIN.com hochladen
und kostenlos publizieren

Martin Selzle

Umweltkommunikation - Alles dasselbe?

GRIN Verlag

Bibliografische Information der Deutschen Nationalbibliothek:

Die Deutsche Bibliothek verzeichnet diese Publikation in der Deutschen National-
bibliografie; detaillierte bibliografische Daten sind im Internet über http://dnb.d-
nb.de/ abrufbar.

Impressum:

Copyright © 2007 GRIN Verlag GmbH
Druck und Bindung: Books on Demand GmbH, Norderstedt Germany
ISBN: 978-3-638-83200-7

Dieses Buch bei GRIN:

http://www.grin.com/de/e-book/78040/umweltkommunikation-alles-dasselbe

PHILOSOPHISCH-SOZIALWISSENSCHAFTLICHE FAKULTÄT
EXTRAORDINARIAT FÜR ANGEWANDTE PSYCHOLOGIE

Sommersemester 2007

Umweltkommunikation –
Alles dasselbe?

Referat im Hauptseminar „Umweltpsychologie":
Umweltkommunikation
am 14.05.2007

Verfasser
Martin Selzle

Student der Diplom-Pädagogik, 8. Fachsemester
Wahlpflichtfach „Psychologie der Arbeit", 3.Fachsemester

Gliederung:

Definitionsentwürfe von Umweltkommunikation   3

Schwierigkeiten bei der Umweltkommunikation   4

Vom Kanon abweichende Umweltkommunikation   6

Kriterien zur Authentizitätsbestimmung von Umweltkommunikation   11

Abbildungen

Literaturverzeichnis

Definitionsentwürfe von Umweltkommunikation

Innerhalb der Umweltpsychologie spielt die Umweltkommunikation eine wichtige Rolle, denn sie ist es, die das Umweltbewusstsein bei den Menschen schafft. Aber wie werden Umweltsachverhalte weitergegeben? Und welche Probleme und Widersprüche können sich bei der Umweltkommunikation ereignen? Häufig hat man den Eindruck, dass Umweltkommunikation immer dasselbe zu sein scheint. Immer wirkt sie negativ geprägt. Dass dies jedoch auch anders sein kann, zeigen ein paar wenige Forscher, die aus dem derzeitigen Kanon der drohenden Klimakatastrophe ausscheren.

Durch den G8-Gipfel in Deutschland wurde Umweltthematiken in letzter Zeit in den Medien große Aufmerksamkeit geschenkt. Doch weit häufiger als vielleicht gedacht, sahen wir uns auch schon zuvor bestimmten Formen von Umweltkommunikation gegenüber. Egal, ob Flyer und Broschüren, Naturkundeunterricht, Demonstrationen, Gutachten oder das einfache Gespräch unter Freunden über einen Umweltsachverhalt oder dergleichen mehr – all dies kann Umweltkommunikation sein.

Aber was ist Umweltkommunikation nun genau? Was versteht man darunter? Gibt es eine allgemeingültige Definition? Bei der Betrachtung der verschiedenen Definitionen von Umweltkommunikation fällt ein großes, wenig präzises Spektrum an Entwürfen auf.

"Umweltkommunikation kann als ein Prozeß beschrieben werden, in dem Informationen über Umweltaspekte vermittelt werden. Nach der Systematisierung einfacher Kommunikationstheorien besteht Umweltkommunikation aus einem Empfänger, einem Sender und einer umweltbezogenen Botschaft. ..." („Brilling & Filho 1999, S. 266). Diese Definition spezifiziert lediglich geläufige Kommunikationsdefinitionen auf deren möglichen ökologischen Inhalt.

„Umweltkommunikation ist der Prozess, bei dem Umweltprobleme, ihre Ursachen, Folgen, Bewältigungspotentiale und Legitimationen auf die gesellschaftliche Tagesordnung gesetzt, analysiert und bewertet werden. Umweltkommunikation transportiert also nicht einfach nur Informationen und Botschaften über Umweltereignisse. Ihr Ziel ist auch die Vermittlung von Bedeutungen und die Motivation zur Änderung von Denk- und Verhaltensweisen." („Eilers 2006") Diese Definition ist schon deutlich differenzierter. Im Gegensatz zu Brilling und Filho betont Eilers nicht nur die einfache Übermittlung von ökologischen Sachinhalten, sondern zusätzlich die auszulösende Handlungsmotivation beim Empfänger der Nachricht. Andere Definitionen legen ihren Schwerpunkt wiederum auf das Lernen, auf die Umweltpädagogik.

Zusammenfassend lässt sich hieraus kein weit reichender Konsens über eine verbindliche Umweltkommunikationsdefinition folgern. Über die möglichen Schwierigkeiten oder den derzeitigen Stand von Umweltkommunikation sagen die Definitionen ebenfalls wenig aus.

Schwierigkeiten bei der Umweltkommunikation – es einfach sagen, ist zu einfach gesagt

Auffallend häufig ist der Sachinhalt einer ökologischen Nachricht ein Risiko. Die Umweltkommunikation überschneidet sich in diesen Fällen also mit der Risikokommunikation. Harry Otway und Brian Wynne beschäftigten sich mit dem Ablauf und den Schwierigkeiten von Risikokommunikation. Deren Ergebnisse lassen sich auch auf die Umweltkommunikation übertragen. Eine der wesentlichen Erkenntnisse, nämlich die, dass Laien und Experten Risiken unterschiedlich bewerten, lässt sich auch auf die Umweltkommunikation übertragen. Dies folgt ähnlich wie bei Luhmanns ökologischer Kommunikation durch die Beurteilung von Risiken unter dem Aspekt der eigenen Betroffenheit (vgl. Rayner & Cantor 1987, S.3-9). Otway und Wynne unterteilen vor allem zwei Kommunikationskontexte – zum einen die Kommunikation bei der Entstehung von Risiken, bei der die Empfänger das entstehende Risiko akzeptieren sollen, was durch eine glaubwürdige Vermittlung versucht wird zu erreichen. Nachdem die Unterrichtung über die potentielle Gefahr erfolgt ist, sollen die Empfänger unbehelligt sein, sprich sie sollen die Gefahrenursache, die Risiken und am besten die Kommunikation selbst wieder vergessen. Anders sieht dies aus, wenn der Kommunikationsempfänger über die Notfallplanungen informiert wird. Hier soll die Person zu der Überzeugung gelangen, dass die Risiken nicht nebensächlich sind. Die erhaltenen Informationen sollten nicht nur nicht vergessen, sondern auch internalisiert werden, so dass ein Handeln den Anweisungen gemäß möglich ist (vgl. Otway & Wynne 1989, S. 105).

Aus diesen unterschiedlichen Zielsetzungen bei der Kommunikation ergeben sich Widersprüche, die beim Empfänger dazu führen können, dass sie entweder den beunruhigende Informationen Glauben schenken, was zu einer Bekämpfung der Gefahrenquelle führt oder dass sie den beruhigenden Inhalten vertrauen, was im Falle einer Katastrophe zu hohen Opferzahlen führen kann. Ist eine Gefahrenquelle sozial gut eingebunden, wie beispielsweise ein traditionsreiches Vorzeigeunternehmen, das aber mit Gefahrenstoffen arbeitet, so sinkt die Risikowahrnehmung bei den Betroffenen ebenfalls, was wiederum negative Konsequenzen zur Folge haben kann (vgl. ebd., S. 105f.).

Sowohl in der Umweltkommunikation als auch in der Risikokommunikation kommt es immer wieder zu Überlegungen, ob Informationen über Gefahren nicht besser nur recht spärlich an die Öffentlichkeit weitergegeben werden sollen, um so eine Verunsicherung derselbigen zu verhindern. Untersuchungen von Jupp und Lalo ergaben aber, dass sich Anwohner von industriellen Anlagen sich eines gewissen Risikos bewusst sind und sich somit von Informationen nicht übermäßig alarmiert fühlen. Eine Unterrichtung über die nähere Umgebung hinaus, wurde in diesen Umfragen als wenig sinnvoll erachtet, da in diesem Falle Personengruppen alarmiert werden würden, die von dem Risiko gar nicht betroffen sind. Zudem wurde eine unerwünschte Alarmierung von einflussreicheren und höher gebildeten Menschen festgestellt. Wären diesen Personenkreisen jedoch

Informationen bewusst vorenthalten worden, so wäre es wahrscheinlich durch das Gefühl hintergangen werden zu wollen zu noch größeren Protesten gekommen (vgl. Jupp 1988 & Lalo 1988, S. 19-41). Im Falle eines Notfalls genügen die zuvor gemachten Notfallplanungen in vielen Fällen nicht den vorherrschenden Anforderungen. Modifizierungen und Erweiterungen oder Präzisierungen sind von Nöten. Die dabei ablaufenden Kommunikationsprozesse geschehen unter großem Zeitdruck, Stress und mitunter auch Zuständigkeitsstreitereien. Dies kann zu Verwirrung bei den zu Informierenden führen (vgl. Otway & Wynne 1989, S. 106f.).

Bei der Beurteilung von Umweltwahrnehmung sollte man nicht außer Acht lassen, dass die jeweilige Organisation, von der die Information ausging, Einfluss auf die zugemessene Bedeutung hat. Behörden informieren in der Regel die Öffentlichkeit nicht so schnell wie dies Umweltorganisationen zu tun pflegen. Ein vermeintliches Desinteresse der Bevölkerung an Umweltthemen ist nach Untersuchen nicht mit einer Sorgenfreiheit gleichzusetzen. Mangelnde Glaubwürdigkeit, gefühlte Abhängigkeit oder Machtlosigkeit könnten ebenfalls Gründe für eine rückläufige Nachfrage nach Informationen sein. Der von Behörden idealisiert vermittelte Eindruck der Ordnung und Kontrolle von allen möglichen Risiken ist ebenfalls bei der Beurteilung der Informationsaufnahme zu berücksichtigen. Das so angestrebte „Nullrisiko" wird jedoch vor vielen Bürgern als unrealistisch erkannt und somit auch gar nicht gefordert. Hat eine Person mal negative Erfahrungen mit bestimmten Organisationen gemacht, bzw. fühlte sie sich in einer früheren Situation falsch informiert, so kann dies zu einer daraus folgenden Nicht-Kommunikation bzw. Misstrauen mit der jeweiligen Institution führen. So entzogen die Schäfer im britischen Windscale der Regierung das Vertrauen als diese Anweisungen anlässlich des Tschernobyl-Unglücks gab, da sie sich bei einem früheren Reaktorvorfall (heute als Sellafield bekannt) dort hintergangen und erst viel zu spät informiert gefühlt hatten. Soziale Erfahrungen beeinflussen die Beurteilung von Sachinhalten also ebenfalls (vgl. ebd., S. 107ff. sowie Wynne & Williams & Williams 1988, S. 408-415).

Wie groß ein Umweltrisiko einzuschätzen ist, geht auch immer mit der Bewertung wie zuverlässig die Kontrollmaßnahmen dafür sind einher. Wird den Kontrolleuren nur wenig Vertrauen geschenkt, so erhöht sich automatisch die eigene Wachsamkeit bei den Bürgern. Das Ziel der absolut zuverlässigen und glaubhaften Risikovermeidung führt in dieser Hinsicht aufgrund einer geringeren bürgerlichen Wachsamkeit zu einer Risikoerhöhung (vgl. Otway & Wynne, S. 109).

Zuletzt geben Otway und Wynne zu bedenken, dass augenscheinlich glaubwürdige Informationen nicht automatisch authentisch sein müssen. Authentisch seien die Informationen vor allem da, wo soziale Verpflichtungen vorlägen, wie es beispielsweise in Familien der Fall ist. Lediglich augenscheinlich glaubwürdig sind Sachinhalte häufig dann, wenn sie umsichtig und in vorsichtig gestalteten Portionen unterbreitet werden. Hier lässt sich an eine „Steigerung des Unterhaltungswert" von Katastrophen in modernen Medien denken, wenn immer wieder neue Facetten, neue Betroffene, neue Tragödien vor der Kamera vorgeführt werden (vgl. ebd., S. 110).

Es gilt also immer sich bei der Betrachtung von Umweltkommunikation die Beteiligten, die Umstände unter denen die Kommunikation erfolgte und die Sachinhalte der Nachricht selbst zu vergegenwärtigen, um eine aussagekräftige Beurteilung darüber und mögliche Konsequenzen treffen zu können. Mit Hilfe dieser Ratschläge lassen sich dann auch ökologische Botschaften, die darauf verzichten die Bevölkerung in Panik zu versetzen, reflektierter wahrnehmen.

Vom Kanon abweichende Umweltkommunikation

Der den Medien mitunter unterstellte Grundsatz „nur schlechte Nachrichten sind gute Nachrichten" lässt sich auch in der Berichterstattung über klimatische und ökologische Entwicklungen feststellen. Nahezu jede Berichterstattung über den Klimawandel beinhaltet das Wort „Klimakatastrophe" oder ähnlich dramatisierendes Vokabular. Stimmen, die sich gegen dieses aussprechen oder die aktuellen Entwicklungen zu relativieren versuchen, werden häufig in die Ecke der „bösen Industriellen" oder „Umwelt verschmutzenden Amerikaner" gestellt.

Beispielweise der Zukunftsforscher Matthias Horx sammelte verschiedene Studien zusammen, die unter anderem zeigen sollen, dass Umweltthemen häufig sehr einseitig pessimistisch und negativ gefärbt kommuniziert werden.

Die häufig angeprangerte Klimaerwärmung um ein paar Grad gab es hiernach schon des Öfteren – zuletzt zwischen 3000 und 2000 vor Christus. So ermöglichte diese Erwärmung zum Beispiel es den Menschen über die Alpen zu wandern, was man an der Gletschermumie Ötzi sehen kann. Nach einer zwischenzeitlichen Abkühlung der Temperaturen um das Jahr 800 v. Christus, wodurch auch Gletscher entstanden, stiegen die Temperaturen wieder, so dass in Zeiten des Hochmittelalters in England sogar Wein angepflanzt werden konnte. Nur ein paar Jahrhunderte später (zwischen 1550 n. Chr. und 1750 n. Chr.) lassen sich Zeugnisse von einer gefrorenen Themse, also einer erneuten klimatischen Abkühlung ausfindig machen (vgl. Horx 2007, S. 234f.). Aufgrund des Mangels an industriellen Anlagen und motorisierten Fahrzeuge ist es fraglich, ob hier der Klimawandel durch den Menschen bzw. durch dessen CO_2 – Verschmutzung zu erklären ist. Ein Anstieg des CO_2 in der Atmosphäre kann also nicht nur dem Menschen angelastet werden, da auch in anderen „Global-Warming" – Phasen der Kohlendioxidgehalt in der Luft stieg.

Trotz der von Dr. Thommes vom deutschen Wetterdienst festgestellten Temperaturrekorde in Deutschland im Sommer und Winter 2006 sowie im Frühling 2007 haben sich laut Prof. Labohm die Weltdurchschnittstemperaturen seit 2002 auf einem Niveau stabilisiert, das 0,4 Grad unter dem Höhepunkt vom April 1998 liegt (vgl. Labohm & Thommes 2007).

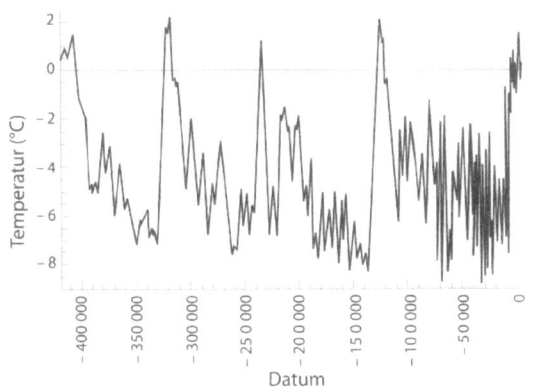

Abb. 1: Der Milankovitch-Zyklus: Die Klimakurve der vergangenen 420000 Jahre

Anhand der heftigen Schwankungen in der Klimakurve, die im oben ersichtlichen Milankovitch-Zyklus angezeigt werden, lässt sich feststellen, dass das mitunter gewünschte „Normwetter", bzw. „Normklima" ein gedankliches Konstrukt ist, das es noch nie gab, bzw. auch nie geben wird, da sich die Erde in einem konstanten Wandel befindet. Ein ewig stabiles, berechenbares, sich nie änderndes Klima mit ständigem Wohlfühlwetter wäre für den Planeten schlichtweg unnatürlich (vgl. Horx 2007., S. 36).

Ängste, dass Hafenstädte und niedrig gelegene Nation wie die Niederlande durch das Abschmelzen der Polkappen von der Landkarte verschwinden, werden ebenfalls häufig in einem Atemzug mit der Klimaerwärmung angeführt. Die abschmelzenden Gletscher verschärfen die Situation noch zusätzlich. Da die Lage aber eigentlich dramatischer sein müsste als sie derzeit ist, machten sich im Jahre 2005 Geowissenschaftler auf der Jahrestagung der Europäischen Geowissenschaftlichen Union auf die Suche nach dem scheinbar verschwundenen Süßwasser. Dabei stellten sie fest, dass die Antarktis das tauende Wasser der Arktis speichert. Von einer kleinen Region abgesehen, war zudem kein Temperaturanstieg in der Antarktis festzustellen (vgl. Kroker 2005). Ohne Zweifel lässt sich sagen, dass ein Zuwachs des Eispanzers der Antarktis mit der häufig als dramatisch bezeichneten Klimaerwärmung nicht zusammenpasst.

Für die Behauptung, dass die menschliche Beeinflussung auf den Klimawandel schon mal mit zweierlei Maß gemessen wird, führt Horx die mediale Reaktion auf die Untersuchungen von William Ruddiman an. Dieser stellte in seinen Analysen eine Anomalie bei den langfristigen Klimamodellen fest. So hätte es seiner Meinung nach vor 10000 Jahren deutlich kälter werden müssen. Als Grund, wieso dem nicht so war, machte Ruddiman den Menschen in der Jungsteinzeit aus. Da dieser damit begann Wälder, Busch- und Schwemmländer zu Agrarflächen umzuformen, verursachte er mit der Rodung und Holzverbrennung steigende

CO_2 – Werte. Die Haltung und damit verbundene Vermehrung von Schafen und Rindern nährte steigende Methanwerte. Durch diese Effekte verhinderten die Bewohner des Neolithikum die Abkühlung des Klimas (vgl. Ruddiman 2005, S.84ff). In den Berichten über diese Studie tauchten nun aber nicht Begriffe wie „Umweltsünder", „Klimakatastrophe" oder „verantwortungslos" auf. Ganz neutral klangen die Überschriften „Wie prähistorische Bauern uns vor einer Eiszeit retteten" (Guardian) oder „Wettermacher in der Steinzeit" (Spiegel).

Ein weiterer Grund wieso man dem Menschen als „Klimaformer" oder „Terraformer" nicht den schwarzen Peter in die Schuhe schieben sollte, sieht Horx in der Tatsache begründet, dass der Mensch nicht der einzige Klimabeeinflusser in der Erdgeschichte ist, sondern eher nur ein weiterer. Als erste große „Terraformer" führt der Autor die Cyanobakterien, also Blaualgen, an, die mittels Photosynthese vor eineinhalb Milliarden Jahren, unzählige Lebewesen vergifteten, da für sie Sauerstoff tödlich wirkte. Durch den Anstieg von Sauerstoff in der Atmosphäre waren nun auch große Feuer möglich. Die kambrische Radiation stellte vor 530 Millionen Jahren einen weiteren Schritt mit großen Auswirkungen dar, als durch ein massives Artensterben, welches in den Meeren zu einer Verdreifachung des Kalziumgehalts führte, was wiederum den Tod für viele Tierarten bedeutete. Neue Tierarten, die sich an diese geänderte Lebenswelt anpassten, entstanden: Muscheln und Mollusken. Als nächste große „Klima- und Terraformer" werden die Dinosaurier angesehen, die vor allem mit ihren gewaltigen Dungvolumen das Klima beeinflussten. Somit steht der Mensch nicht allein als „Bösewicht" der Geschichte da und die Tatsache, dass die Existenz des Menschen Spuren auf der Erde hinterlässt, erscheint in diesem Lichte als eher natürlich und legitim (vgl. Horx 2007, S. 238f.).

Die Aussage, dass Naturkatastrophen auch positive kulturelle Aspekte beinhalten können, stößt bei den meisten wohl auf große Zweifel. So ist es jedoch der Tsunami-Katastrophe 2004 zu verdanken, dass die Aceh Sumatra National Liberation Front (ASNLF), eine Widerstandgruppe im Bürgerkrieg in der indonesischen Provinz Aceh, der Regierung einen Waffenstillstand anbot, woraus 2005 dann auch ein Friedensvertrag erwuchs (vgl. wikipedia, Stichwort: Achinesische Befreiungsbewegung).

Klimatische Katastrophen versetzen den Menschen in Handlungsbereitschaft. Mittels technischer Innovationen und Anpassungen an veränderte oder drohende Lebensumstände versucht der Mensch sich im „Kampf ums Überleben" erfolgreich zu behaupten.

Der Klimawandel ist mit Hinblick auf bereits gemeisterte Umweltkatastrophen und vor dem Hintergrund der sich ständig im Wandel befindenden Erde also lediglich eine große Herausforderung, jedoch keine finale Bedrohung (vgl. Horx 2007, S. 242f.). Ob diese Botschaft jedoch auch stets von den Medien so dargelegt wird, ist fragwürdig.

Horx verweist weiterhin auf verschiedene Studien zum Zustand der Natur, die vom Kanon des Großteils der derzeitigen Untersuchungen und Berichterstattungen über die Entwicklung der Natur abweichen.

So stellten Nachforschungen wiederum fest, dass die Menschheit nicht erst in der Neuzeit damit begann, die Natur zu schädigen. Beispielsweise verschwanden nach Einwanderung der Urbevölkerung in Nordamerika fast 2/3 der ansässigen Großtierarten von der Bildfläche. Riesenschildkröten, Riesenbären, Pferde, Säbelzahntiger, Mammuts und Wollnashörner wurden ausgelöscht (vgl. Wright 2004). Wie jedoch im Falle des „urzeitmenschlichen Klimagestalters" fehlt der Aufschrei der Medien, die mögliche negativ geprägte Kommunikation blieb aus.

Auf die Frage, ob Aussterben überhaupt jedes Mal als negativ bewertet werden muss, würde man zumeist vermutlich wohl mindestens erschrockene Blicke ernten. Der Fakt, dass das Aussterben von Arten auch immer auch gleichbedeutend mit der Chance für neue Arten ist, wird dabei häufig verdrängt. So wäre beispielsweise das harmonische Zusammenleben von Mensch und Dinosaurier wie es die Zeichentrickserie „Familie Feuerstein" vorgibt, wohl eher zweifelhaft und im Alltag dürften sich eher die Probleme wie sie in „Jurassic Park" auftreten, als bedeutsamer erweisen. Aus Sicht des Menschen ist das Aussterben bestimmter Arten also als positiv anzusehen.

Werden Personen mit einem Satz wie „In einer Welt, wo nicht nur jedes Jahr Millionen von Kindern zu Tode kommen, sondern auch zigtausende von Tierarten aussterben…" konfrontiert, würden wahrscheinlich viele die „armen" Tiere bemitleiden, während die Kinder eher nebenbei wahrgenommen werden würden. Die Frage nach den jeweils gerade aussterbenden Tierarten des aktuellen Jahres dürfte bei den Mitmenschen des Fragestellers häufig auf Empörung stoßen. Sowohl das Mammut als auch Dinosaurier, die beiden wohl bekanntesten ausgestorbenen Tierarten, sind schon seit Jahrtausenden ausgestorben (vgl. Horx 2007, S. 246). Da Menschen im Allgemeinen jedoch ein hohes Interesse an aussterbenden Tierarten angeben würden, ist es verwunderlich, dass nur eine verschwindend geringe Zahl an Personen die aktuell vom Aussterben bedrohten Tiere kennt. So ist zum Beispiel laut WWF Artendatenbank aktuell weder der Eisbär noch eine einzige Walart in ihrer Gesamtpopulation vom Aussterben (Einstufung auf der Roten Liste bei 0) bedroht (vgl. WWF Artendatenbank 2007). Tauchen jedoch Fernsehbilder auf, die die Fahrten von isländischen, norwegischen oder japanischen Walfängern zeigen, gleicht diese Aussage einem Tabu. Seit dem totalen Walfangverbot von 1986 haben sich die Bestände erholen können. Der Zwergwalbestand erholte sich beispielsweise so kräftig, dass er mittlerweile andere Arten bedroht. Trotzdem ist der Aufschrei groß, obwohl die Walfischbestände je nach Art zwischen 5000 und 1,5 Millionen circa 1300 gefangenen Walen im Jahr 2006 gegenüberstehen (vgl. Horx 2007, S. 253f. & WWF Artendatenbank).

Horx fand zum Thema Artensterben zwei sehr unterschiedliche Analysen. Während die eine Studie bei 675 ausgestorbenen Tierarten in den letzten 400 Jahren und 300 neu entdeckten Arten in Europa innerhalb der letzten 20 Jahre das niedrigste Artensterben seit 500 Jahren und damit eine positive Entwicklung ausmacht (vgl. Mark Collins 2006), beobachtet der WWF in seiner Untersuchung eine dramatische Beschleunigung beim Artensterben und führt dabei 245 ausgestorbene Arten innerhalb der letzten 500 Jahre an (vgl. dpa 2005), was ihn zu einem negativen Fazit kommen lässt. Während alarmierende Kommunikation über das Artensterben eigentlich normal ist, sind Mitteilungen über neue Arten eigentlich eher selten. Auch die Frage nach wie viel Aussterben denn natürlich ist, wird nicht gestellt (vgl. Horx 2007, S. 248).

Ebenfalls ungenannt bleiben die Verdienste von Züchtern, die im Laufe der Kultivierung von Tieren und Pflanzen die Vielfalt der Natur deutlich erhöht haben und dies weiterhin tun. In den vergangenen 10000 Jahren wurden aus 33 Tierarten somit 5000 verschiedene Spezies (vgl. Gleich, Maxeiner, Miersch 2002, S. 114). Die unterschiedlichsten heute bekannten Hunderassen, die verschiedensten Rosenfarben, die vielen Apfelsorten und so weiter und so fort wären ohne die menschliche Zucht heutzutage nicht existent.

Interessant und zugleich ziemlich ungehört blieb der Artikel „New Urban Jungles" der Newsweek im Sommer 2006 als diese von einem Idyll mit seltenen Blumen, bedrohten Schmetterlingen, Habichten und Turmfalken sowie der nördlichsten europäischen Kolonie von Gottesanbeterinnen berichtete – mitten in Berlin-Schöneberg (vgl. Theil 2006, S. 11). Viele Arten haben sich demnach an Zivilisationslandschaften angepasst. Auch anhand einer englischen Untersuchung, die 1176 höher entwickelte Pflanzenarten und über 37000 wirbellose Tierarten in englischen Kleingärten feststellte (vgl. Gaston und Thompson 2002, S. 4), zeigt deutlich, dass die Schwarz – Weiß - Sichtweise von der zerstörenden Zivilisation gegenüber der Natur relativiert werden muss.

Mit Hinblick auf den Yellowstone Nationalpark sollte auch die Aussage von Naturschützern, dass der Natur mitunter nur noch vom Menschen geholfen werden kann, kritisch hinterfragt werden. Hier wurde ab 1872 von Menschen mit dem als positiv zu bewertenden Zwecke der Bewahrung in ein funktionierendes Ökosystem eingegriffen. Durch die Förderung mal der einen Art, mal durch die Dezimierung einer anderen Art war es den Rangern nicht mehr möglich ein erneutes natürliches Gleichgewicht wieder herzustellen. Trauriger Höhepunkt war dann 1988 ein Großbrand der große Teile des Parks verwüstete (vgl. Horx 2007, S. 249ff.).

Horx ist der Meinung, dass Menschen Landschaften wie sie auf den Gemälden von Caspar David Friedrich zu sehen sind als natürlich empfinden. Die gemalten Landschaften wiesen jedoch ein hohes Maß an kulturellem Eingriff auf. Beispielsweise die Heidelandschaften, wie sie im Bild „Der einsame Baum" von Caspar David Friedrich zu sehen sind, mit gespenstischen Koniferen seien ein Zeichen für die zuvor erfolgte Abholzung der Gegenden. Die natürlichen Mischwälder werden zumeist von durch Menschenhand geschaffene

Abb. 2: Der einsame Baum (Caspar David Friedrich)

10

Monokulturen ersetzt. Hingegen würden Wüsten, Grassteppen oder Tundragegenden als unnatürlich empfunden (vgl. ebd., S. 251).

Eine immer wiederkehrende Nachricht, die den Menschen den Niedergang der Natur vor Augen führt, ist die vom Waldsterben. Die Feststellung des statistischen Bundesamtes, dass die Waldfläche 2003 wie in den Jahren zuvor weiter zugenommen hat, blieb dabei ungehört (vgl. Hoffmann-Müller 2005). Es wird nicht wahrgenommen, dass zeitweilige Krankheiten oder Schädlingsbefälle bei einem lebenden Wald als normal angesehen werden sollten. Zum Vergleich übersteht auch kein Mensch sein Leben ohne jemals krank geworden zu sein und bei einem Schnupfen wird auch nicht gleich vom Sterben gesprochen. Im Gegensatz zu unseren Vorstellungen wäre ein kerzengerader, kerngesunder, stets standfester Wald in sattem Grün zwar wünschenswert, aber unnatürlich (vgl. Horx 2007, S. 252).

Geht die Welt nun unter oder nicht – Die Suche nach Kriterien zur Authentizitätsbestimmung von Umweltkommunikation

Mittwoch, 27.06.2007: In der Provinz Gauteng rund um Johannesburg in Südafrika schneite es sechs bis zwölf Zentimeter Neuschnee (vgl. AFP, Pressemeldung vom 27.06.2007). Fällt die Erwärmung des Weltklimas also aus? Freitag, 29.06.2007: „Die Wetterexperten haben für Deutschland einen neuen Temperaturrekord vermeldet" („AFP, Pressemeldung vom 29.06.2007"). Also findet die globale Erderwärmung doch statt? Oder findet sie nur in Deutschland statt? Oder überall und nur in Südafrika nicht? Erwärmt sich die Erde nun oder nicht oder spielt sie nur einfach verrückt? Oder ist es die Entwicklung in Südafrika, die uns große Sorgen bereiten sollte, da sie der natürlichen Erwärmung - wenn man sich von einer Eiszeit wegbewegt - entgegenläuft?

Vielleicht sind dies aber auch nur zwei lokale Ereignisse, die nicht die komplette klimatische Entwicklung der Erde repräsentieren können?

Es lässt sich jedoch auf jeden Fall festhalten, dass Umweltkommunikation nicht immer dasselbe ist. Es gibt stets auch anders lautende Kommunikation, auch wenn diese häufig nicht im selben Maße wahrgenommen wird, wie die alarmierende Form.

Aufgrund des großen Interesses bei der Bevölkerung und aufgrund des hohen „Unterhaltungswertes" der Folgen des Klimawandels, ist damit zu rechnen, dass auch weiterhin die Umweltkommunikation eine wichtige Rolle in den Medien spielen wird.

Die Medien haben in den letzten Jahren und Jahrzehnten den Radius woher sie ihre Informationen beziehen massiv erweitert. Schnee, Perioden der Trockenheit oder einen großflächigen Busch- oder Waldbrand gab es sicherlich auch schon vor 50 Jahren. Doch wurden diese weltweiten Ereignisse früher schon so wahrgenommen wie heute, wenn Fernsehsender in Live-Reportagen davon berichten und den Katastrophen mit Interviews, die um die Welt gehen, Gesichter geben? Ich denke Nein.

Das Potential der Medien zur Umweltkommunikation ist größer denn je und trifft beim Publikum auf ein Interesse, das selten größer war, was die Berichterstattung zum G8-Gipfel

2007 und drum herum gezeigt hat. Durch eine kontinuierliche Information über umweltfreundliches Verhalten (z.B.: MTV-Klima-Kampagne beispielsweise zum Ausschalten von Standby-Geräten [vgl. Zettel, Pressemeldung vom 14.06.2007]) können die Medien zum Schutz der Umwelt einen wichtigen Beitrag leisten.

Auf die Frage, wie alarmierend die derzeitige Entwicklung ist, lässt sich erstmal die Beobachtung entgegnen, wann Umweltthemen in den Fokus medialen Interesses kommen? Entweder unmittelbar nach einer großen klimatischen Katastrophe (was derzeit nicht der Fall ist) oder wenn sonst alles gut läuft. Wenn die Arbeitslosigkeit niedrig ist, die Wirtschaft läuft, politisch keine Sorgen anstehen, die terroristische Bedrohung nicht unmittelbar bevorsteht usw. und so fort. Eine ansteigende Rate an Umweltkommunikation in den Medien ist also erst mal an und für sich ein positives Zeichen.

Wenn nun eine Alarmierung eintritt – erfolgte sie dann aufgrund präziserer Messtechnik heutzutage, während ältere Messinstrumente nichts festgestellt hätten, oder wurde der Kreis der Informierten nur ausgeweitet (wie Jupp und Lalo es in ihren Untersuchungen zur Risiko-Kommunikation beschrieben hatten) oder ist die Botschaft wirklich ernst zu nehmen?

Um den Menschen eine sichere Meinungsbildung in Zeiten konträrer Umweltbotschaften zu ermöglichen, stellt sich die Frage nach möglichen Bewertungskriterien für authentische Nachrichten. Ob die von Otway und Wynne vorgeschlagene Unterscheidung ausreicht, ist aufgrund der Fülle an Informationen, die man außerhalb gesicherter sozialer Bindungen erhält, zu bezweifeln. Wie also lässt sich Glaubwürdigkeit und Authentizität besser überprüfen?

Im Laufe meiner Recherchen bin ich auf folgende Ratschläge gestoßen:
-   Man sollte sich seiner Vernunft bedienen, klar denken und sich ein Bewusstsein schaffen - aber kein hysterisches - und Entscheidungen über Umweltrisiken nicht aus einer Panik heraus treffen.
-   Umweltkommunikation sollte nicht nur hingenommen werden, sondern auch diskutiert.
-   Es sollte der Versuch unternommen werden hinter die Argumentationen von „Experten" zu blicken und zu recherchieren und sich zu informieren. Es gilt zu reflektieren, wer von was profitiert, wirtschaftliche Interessen haben könnte oder was die Motive für eine solche Botschaft sein könnten (vgl. Diverse 2007).

Zudem sollten positive Botschaften einfach nicht vergessen werden … oder wer ist sich heute noch bewusst, dass man vor gut 20 Jahren in vielen deutschen Flüssen vergeblich nach Fischen suchte und darin auch nicht baden konnte?

Durch die bessere Informationslage, was umweltschonendes Verhalten angeht, neue Technologien und hoffentlich auch eine authentischere Umweltkommunikation sowie eine differenziertere Wahrnehmung selbiger kann man mit etwas Handlungsbereitschaft bei jedem einzelnen den momentanen ökologischen Herausforderungen guten Gewissens entgegentreten.

Abbildungen:

- Abbildung 1 aus: Horx, Matthias (2007): Anleitung zum Zukunfts-Optimismus - Warum die Welt nicht schlechter wird. Frankfurt am Main. Campus-Verlag, S. 236
- Abbildung 2: http://www.poster.net/friedrich-caspar-david/friedrich-caspar-david-der-einsame-baum-1923-7700195.jpg 24.06.2007 um 18.07 Uhr

Literaturverzeichnis:

- Agence France-Presse (AFP) (2007): In Südafrika schneit es. Pressemeldung vom 27.06.2007.   http://de.news.yahoo.com/afp/20070627/twl-suedafrika-wetter-e7cd017.html am 29.06.2007 um 16.03 Uhr
- Agence France-Presse (AFP) (2007): Wetterexperten vermelden neuen Temperaturrekord.   Pressemeldung   vom   29.06.2007. http://de.news.yahoo.com/afp/20070629/twl-d-wetter-e7cd017.html am 29.06.2007 um 16.10 Uhr
- Brilling, Oskar; Filho, Walter, Leal (1999): Umweltkommunikation. „In": Brilling, Oskar; Eduard W. Kleber, Ed. Hand-Wörterbuch Umweltbildung. Baltsmannsweiler, Schneider Verlag Hohengehren
- Collins, Mark (2006): Pressemitteilung des WCMC (World Conservation Monitoring Centre). Cambridge. „In": Horx, Matthias (2007): Anleitung zum Zukunfts-Optimismus - Warum die Welt nicht schlechter wird. Frankfurt am Main. Campus-Verlag. S. 247
- Deutsche Presse Agentur (dpa) (2005): Pressemitteilung vom 13.12.2005: Forscher schlagen Alarm: Dramatisches Artensterben. Hamburg. „In": Horx, Matthias (2007): Anleitung zum Zukunfts-Optimismus - Warum die Welt nicht schlechter wird. Frankfurt am Main. Campus-Verlag. S. 247
- Diverse (2007): Statements der Diskussionsrunde „Der Klimawandel – Alles Schwindel?" ausgestrahlt am 11.06.2007 auf RTL um 23.15 Uhr
- Eilers, Angela (2006): Umwelt & Kommunikation: Umweltkommunikation: http://www.eilers-umweltkommunikation.de/Umweltkommunikation/umweltkommunikation.html abgerufen am 07.06.2007 um 14.46 Uhr

- Gaston, Kevin; Thompson, Ken (2002): Gardens: Heaven or Hell for Wildlife?. Evidence of significance. London www.rhs.org.uk/research/biodiversity/documents/evidence.pdf am 21.06.2007 um 17.02 Uhr

- Gleich, Michael; Maxeiner, Dirk; Miersch, Michael (2002): Life Counts. Eine globale Bilanz des Lebens. Berlin. Btv „Nach": Horx, Matthias (2007): Anleitung zum Zukunfts-Optimismus - Warum die Welt nicht schlechter wird. Frankfurt am Main. Campus-Verlag

- Hoffmann-Müller, Regina (2005): Holzeinschlag im deutschen Wald durch Zuwachs mehr als ausgeglichen. Pressemitteilung vom 22.04.2005. Statistisches Bundesamt. Wiesbaden. http://www.destatis.de/jetspeed/portal/cms/Sites/destatis/Internet/DE/Presse/pm/2005/ 04/PD05__189__85.psml am 24.06.2007 um 18.45 Uhr

- Horx, Matthias (2007): Anleitung zum Zukunfts-Optimismus - Warum die Welt nicht schlechter wird. Frankfurt am Main. Campus-Verlag

- Jupp, A. (1988): The Provision of Public Information on Major Hazards. M. Sc. thesis. University of Manchester, U.K. "Nach": Otway, Harry; Wynne, Brian (1989): Risiko-Kommunikation: Paradigma und Paradox. "In": Krohn, Wolfgang; Krücken, Georg (1993): Riskante Technologien. Frankfurt. Suhrkamp

- Kroker, Holger (2005): Antarktis speichert das tauende Eis der Arktis. „In": Die Welt am 29.04.2005. Hamburg. Axel Springer Verlag. http://www.welt.de/print-welt/article667894/Antarktis_speichert_das_tauende_Eis_der_Arktis.html am 24.06.2007 um 18.00 Uhr

- Labohm, Hans; Thommes, Wilfried (2007): Interviewstatements in der Diskussionsrunde „Der Klimawandel – Alles Schwindel?", ausgestrahlt am 11.06.2007 auf RTL um 23.15 Uhr http://www.youtube.com/watch?v=y_5Bos5hINk

- Lalo, A. (1988): Perception du risque technologique majeur. "In": Preventique 21. "Nach": Otway, Harry; Wynne, Brian (1989): Risiko-Kommunikation: Paradigma und Paradox. "In": Krohn, Wolfgang; Krücken, Georg (1993): Riskante Technologien. Frankfurt. Suhrkamp

- o. A. (2007): Bewegung Freies Aceh. http://de.wikipedia.org/wiki/Achinesische_Befreiungsbewegung am 19.06.07 um 0.50 Uhr

- Otway, Harry; Wynne, Brian (1989): Risiko-Kommunikation: Paradigma und Paradox „In": Krohn, Wolfgang; Krücken, Georg (1993): Riskante Technologien. Frankfurt. Suhrkamp
- Rayner, S.; Cantor, R. (1987): How Fair is Safe Enough? The Cultural Approach to Societal Technology Choice "In": Risk Analysis 7. "Nach": Otway, Harry; Wynne, Brian (1989): Risiko-Kommunikation: Paradigma und Paradox. "In": Krohn, Wolfgang; Krücken, Georg (1993): Riskante Technologien. Frankfurt. Suhrkamp
- Theil, Stephan (2006): The New Urban Jungles. "In": Newsweek 3. Juni 2006. S. 75ff. "Nach": Horx, Matthias (2007): Anleitung zum Zukunfts-Optimismus - Warum die Welt nicht schlechter wird. Frankfurt am Main. Campus-Verlag
- Wright, Ronald (2004): A Short History of Progress. Toronto. House of Anansi Press. "Nach": Horx, Matthias (2007): Anleitung zum Zukunfts-Optimismus - Warum die Welt nicht schlechter wird. Frankfurt am Main. Campus-Verlag
- World Wide Fund For Nature (2007): WWF Arten von A bis Z. Ein Lexikon bedrohter Pflanzen- und Tierarten. http://wwf-arten.wwf.de/index.php am 19.06.2007 um 17.23 Uhr
- Wynne, B.; Williams, P.; Williams, J. (1988): Cumbrian Hill-farmers. Views of Scientific Advice "In": Chernobyl: The Government's Response. London. HMSO. "Nach": Otway, Harry; Wynne, Brian (1989): Risiko-Kommunikation: Paradigma und Paradox. "In": Krohn, Wolfgang; Krücken, Georg (1993): Riskante Technologien. Frankfurt. Suhrkamp
- Zettel, Claudia (2007): MTV startet weltweite Klimawandel-Kampagne. Pressemeldung vom 14.06.2007. http://www.pressetext.de/pte.mc?pte=070614003 am 29.06.2007 um 16.35 Uhr